AF215024

Impressum
Verlag: BABADADA GmbH, Nedderfeld 112 , 22529 Hamburg
Geschäftsführer / Verlagsleitung: Harald Hof
Druck: Books on Demand GmbH, In de Tarpen 42, 22848 Norderstedt

Imprint
Publisher: BABADADA GmbH, Nedderfeld 112 , 22529 Hamburg, Germany
Managing Director / Publishing direction: Harald Hof
Print: Books on Demand GmbH, In de Tarpen 42, 22848 Norderstedt

school
sekolahan

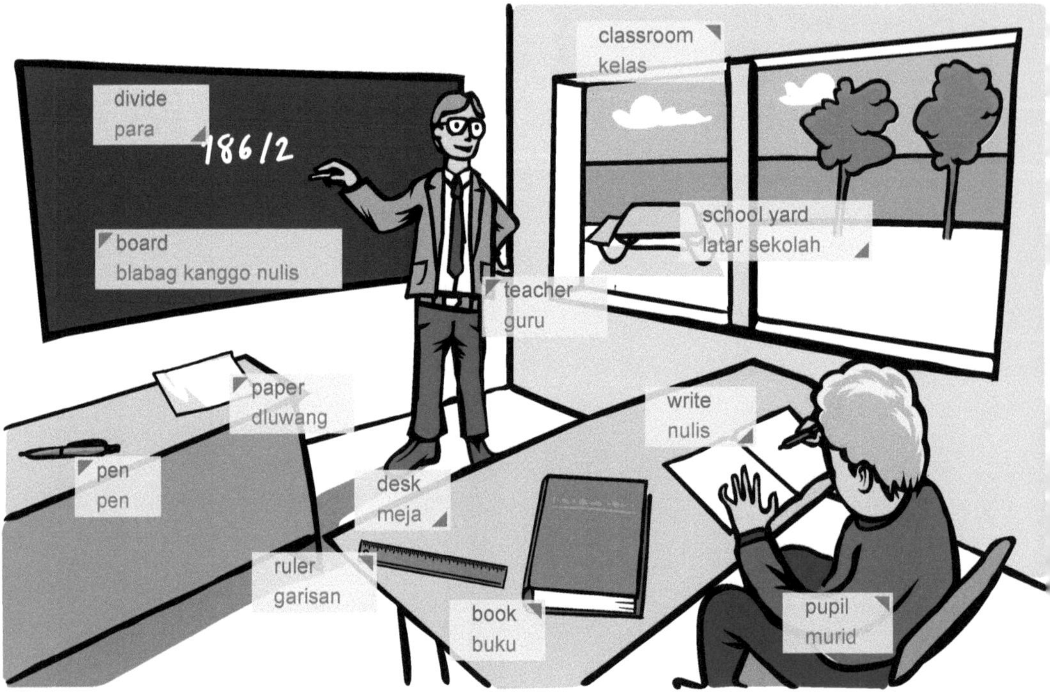

classroom
kelas
divide
para
186/2
board
blablag kanggo nulis
school yard
latar sekolah
teacher
guru
paper
dluwang
write
nulis
pen
pen
desk
meja
ruler
garisan
book
buku
pupil
murid

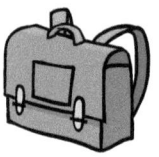

satchel

tas sekolah

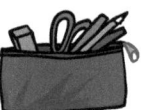

pencil case

tepak potlot

pencil

potlot

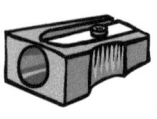

pencil sharpener

orotan potlot

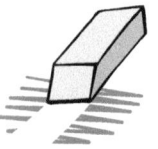

rubber

setip

drawing pad

lemek nggambar

drawing

gambar

paintbrush

kuwas

paint box

tepak cat nggambar

scissors

gunting

glue

lem

exercise book

buku latihan soal

homework

pakaryan omah

12

number

angka

2+2

add

tambah

5-2

subtract

suda

2×2

multiply

ping

calculate

itung

A

letter

aksara

ABCDEFG
HIJKLMN
OPQRSTU
VWXYZ

alphabet

abjad

hello

word

tembung

text

teks

read

maca

chalk

kapur

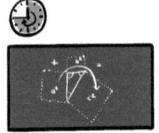

lesson

wulangan

register

dhaptar

exam

ujian

certificate

sertipikat

school uniform

sragam sekolah

education

pendhidhikan

encyclopedia

ensiklopedia

university

universitas

microscope

mikroskop

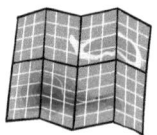

map

peta

waste-paper basket

kranjang larahan

travel
perjalanan

hotel
hotel
Grand
hostel
hostel
ROOMS
eau de change
ntor pertukaran duit mancanegara
CHANGE
car
mobil

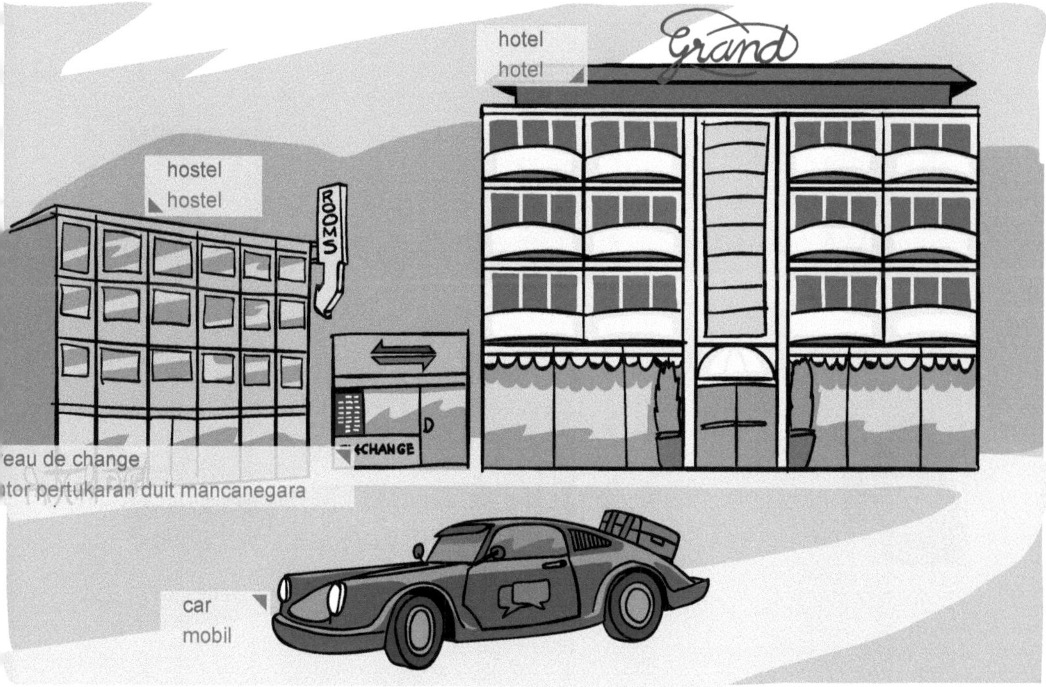

language
basa

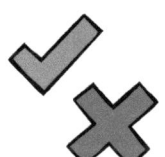

yes / no
iya / ora

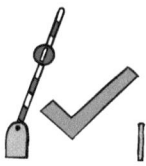

Okay
oke

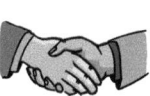

hello
halo

translator
juru basa

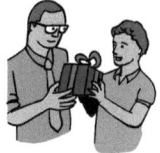

Thank you
matur nuwun

how much is...?

Piro regane ...?

I do not understand

aku ora ngerti

problem

masalah

Good evening!

Sugeng dalu!

Good morning!

Sugeng enjang

Good night!

Sugeng dalu!

bye bye

pareng

direction

arah

luggage

koper

bag

tas

backpack

ransel

guest

tamu

room

kamar

sleeping bag

kantong turu

tent

tenda

tourist information

informasi turis

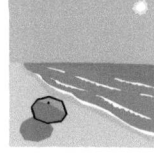

beach

pantai

credit card

kertu kredit

breakfast

sarapan

lunch

mangan awan

dinner

mangan ing wayah bengi

ticket

tiket

lift

lift

stamp

perangko

border

watesan

customs

cukai

embassy

kedutaan

visa

visa

passport

paspor

transport
angkutan

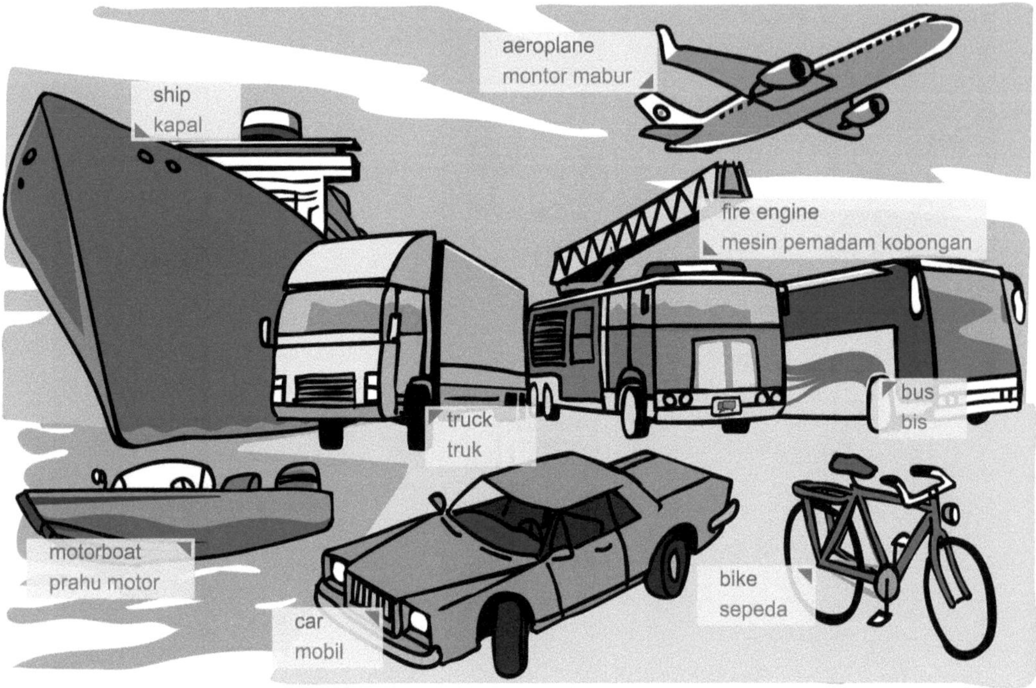
aeroplane
montor mabur
ship
kapal
fire engine
mesin pemadam kobongan
bus
bis
truck
truk
motorboat
prahu motor
bike
sepeda
car
mobil

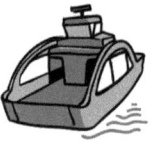

ferry

feri

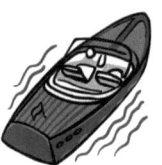

boat

perahu

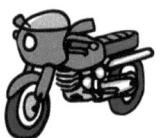

motorbike

sepeda motor

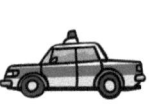

police car

mobil polisi

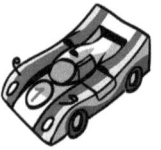

racing car

mobil balapan

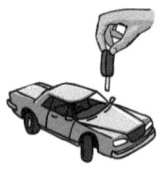

rental car

mobil sewa

car sharing

sewa mobil

breakdown truck

truk derek

refuse truck

truk resek

motor

motor

fuel

bensin

petrol station

pom bensin

traffic sign

tanda dalan

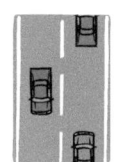

traffic

lalu lintas

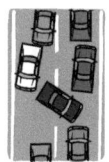

traffic jam

macet

car park

parkir mobil

train station

stasiun sepur

tracks

ril sepur

train

sepur

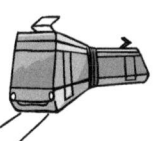

tram

tram

carriage

grobak

helicopter

helikopter

airport

lapangan montor mabur

tower

menara

passenger

penumpang

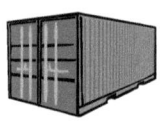

container

kontener

carton

kerdhus

cart

troli

basket

kranjang

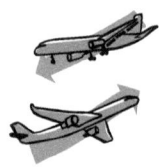

take off / land

mabur / ndarat

city

kutha

village

desa

city centre

tengah kutha

house

omah

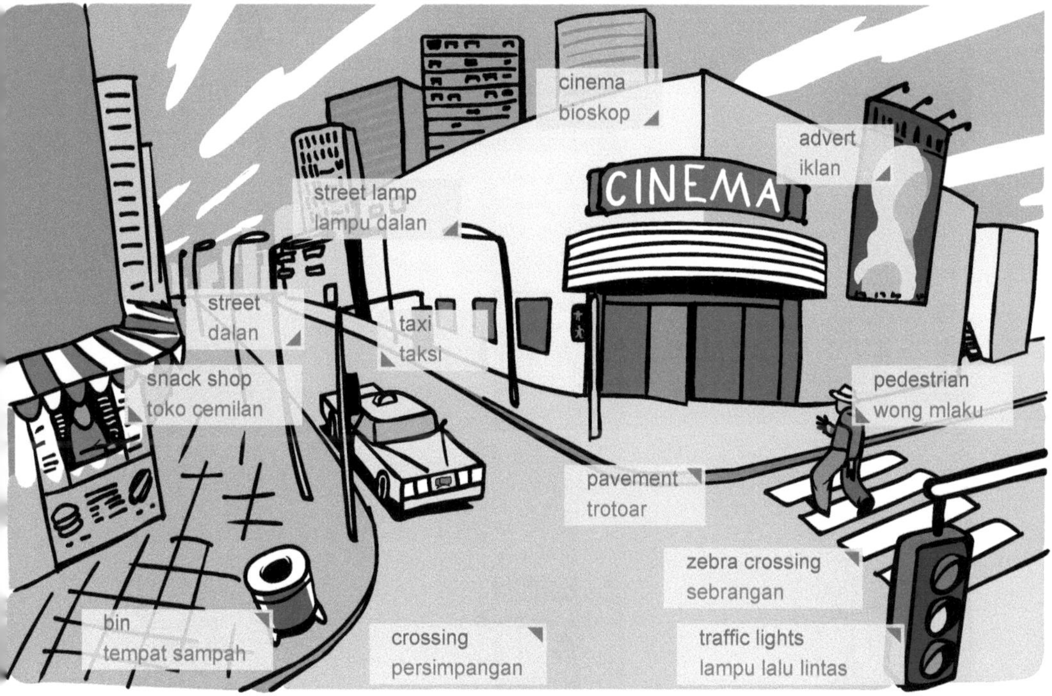

cinema
bioskop

advert
iklan

street lamp
lampu dalan

CINEMA

street
dalan

taxi
taksi

snack shop
toko cemilan

pedestrian
wong mlaku

pavement
trotoar

zebra crossing
sebrangan

bin
tempat sampah

crossing
persimpangan

traffic lights
lampu lalu lintas

hut

gubuk

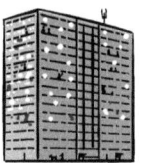

flat

apartemen

train station

stasiun sepur

town hall

bale kutha

museum

museum

school

sekolahan

university

universitas

bank

bank

hospital

griya sakit

hotel

hotel

pharmacy

apotek

office

kantor

book shop

toko buku

shop

toko

florist's

toko kembang

supermarket

supermarket

market

pasar

department store

toko sarwa ana

fishmonger's

toko iwak

shopping centre

mal

harbour

pelabuhan

park

taman

bench

bangku

bridge

tretek

stairs

andha

underground

metro

tunnel

trowongan

bus stop

halte bis

bar

bar

restaurant

restoran

postbox

kotak surat

street sign

pratandha dalan

parking meter

meteran parkir

zoo

kebon kewan

swimming pool

kolam renang

mosque

masjid

farm

kebon

pollution

polusi

graveyard

kuburan

church

greja

playground

panggon dolanan

temple

candi

landscape

lanskap

signpost
plang

way
dalan

meadow
beran

stone
watu

tree
uwit

hiker
wong munggah

river
kali

grass
suket

flower
kembang

valley

lembah

hill

bukit

lake

tlogo

forest

alas

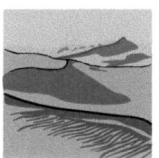

desert

ara-ara

volcano

gunung geni

castle

keraton

rainbow

kluwung

mushroom

jamur

palm tree

uwit palem

mosquito

lemut

fly

laler

ant

semut

bee

tawon

spider

angga-angga

beetle

kumbang

frog

kodok

squirrel

bajing

hedgehog

landhak

hare

truwelu

owl

manuk dares

bird

manut

swan

banyak

boar

celeng

deer

kidang

moose

menjangan

dam

bendungan

wind turbine

turbin angin

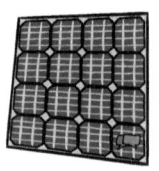

solar panel

panel srengenge

climate

iklim

restaurant

restoran

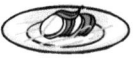

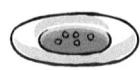

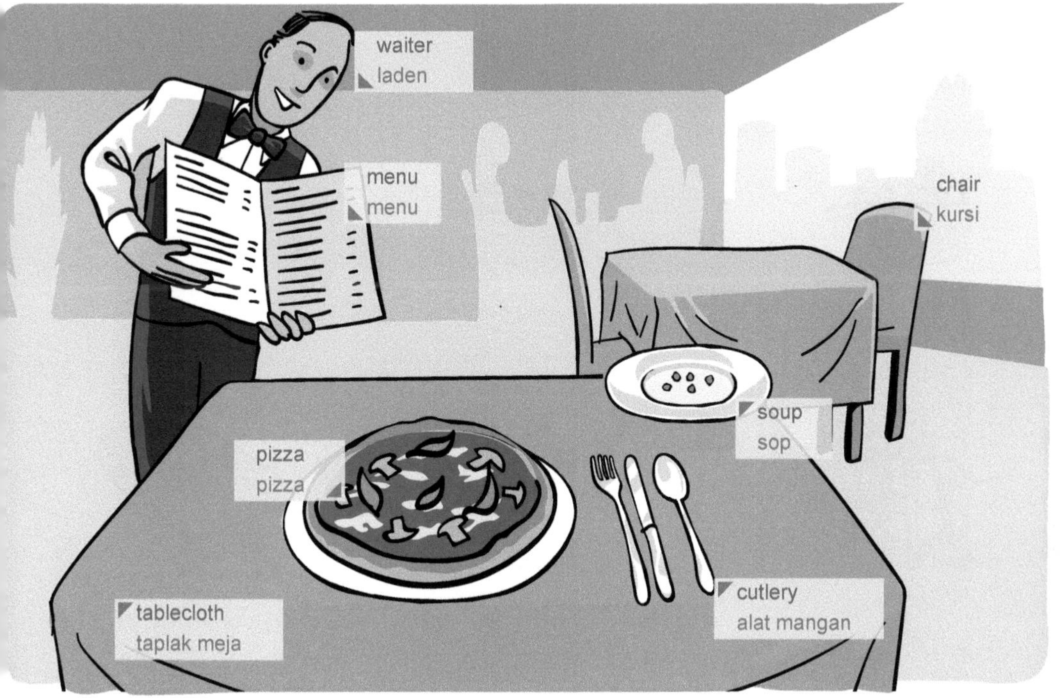
waiter
laden
menu
menu
chair
kursi
soup
sop
pizza
pizza
tablecloth
taplak meja
cutlery
alat mangan

starter
....
hidangan pambuka

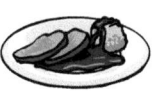

main course
....
menu utama

dessert
....
hidangan penutup

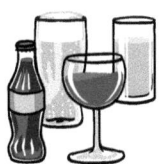

drinks
....
ombenan

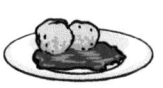

food
....
panganan

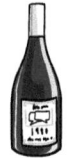

bottle
....
gendul

fast food

panganan instan

street food

jajan cemilan

teapot

ceret teh

sugar bowl

kaleng gula

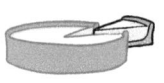

portion

porsi

espresso machine

mesin espresso

high chair

kursi duwur

bill

tagihan

tray

baki

knife

lading

fork

sendok garpu

spoon

sendok

teaspoon

sendok teh

serviette

serbet

glass

gelas

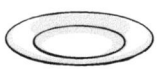

plate

piring

soup plate

piring sop

saucer

lepek

sauce

duduh

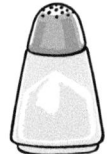

salt pot

gendul uyah

pepper mill

bubuk mrico

vinegar

cuka

oil

lenga

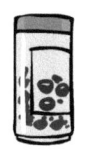

spices

bumbon

ketchup

saos tomat

mustard

mustar

mayonnaise

mayones

supermarket
supermarket

special offer
tawaran khusus
customer
langganan
dairy
produk saka susu
fruit
woh-wohan
trolley
troli
FOR

BUTCHERS

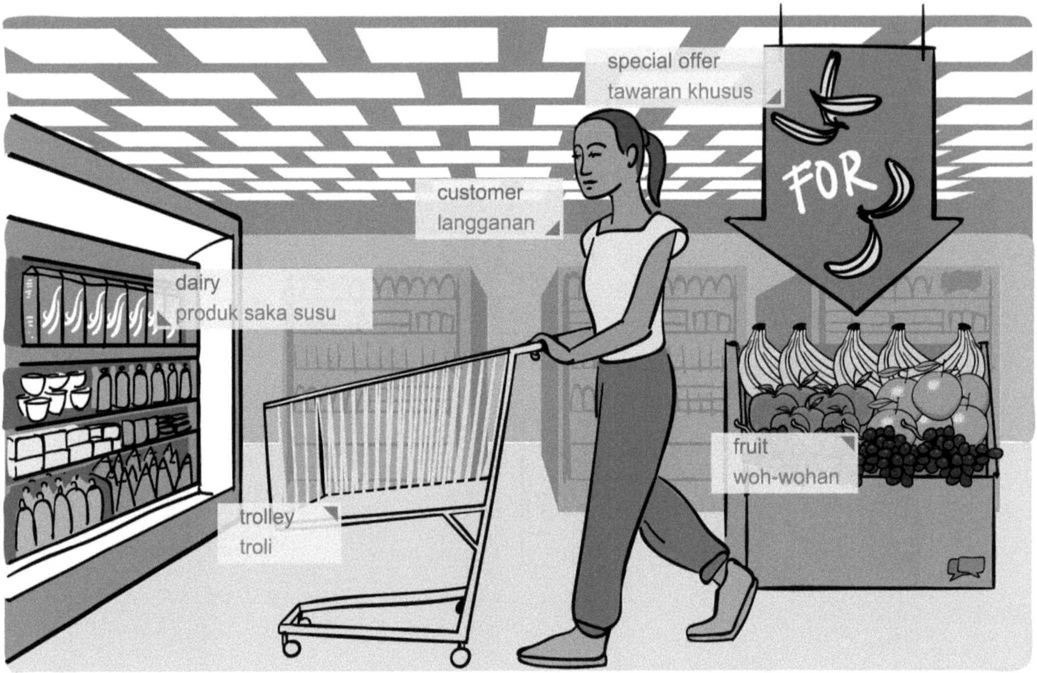

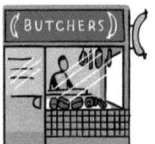

butcher´s

toko daging

BAKERY

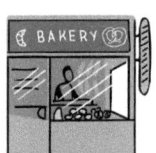

baker´s

toko roti

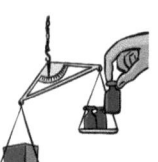

weigh

nimbang

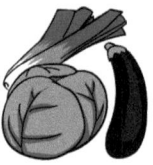

vegetables

janganan

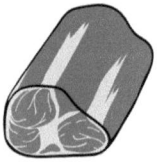

meat

daging panggang

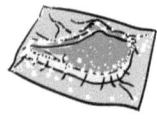

frozen food

panganan beku

cold meat

irisan daging

tinned food

panganan kaleng

washing powder

deterjen

sweets

permen

household products

produk reresik omah

cleaning products

produk reresik

salesperson

bakul

till

mesin kasir

cashier

kasir

shopping list

daftar blanja

opening hours

jam buka

wallet

dompet

credit card

kertu kredit

bag

tas

plastic bag

tas kresek

water

banyu

juice

jus

milk

susu

coke

ombenan kanthi karbon

wine

anggur

beer

bir

alcohol

alkohol

cocoa

coklat

tea

teh

coffee

kopi

espresso

espresso

cappuccino

cappuccino

banana

gedhang

apple

apel

orange

jeruk

melon

semangka

lemon

jeruk lemon

carrot

wortel

garlic

bawang

bamboo

pring

onion

bawang

mushroom

jamur

nuts

kacang

noodles

bakmi

spaghetti

spageti

rice

sego

salad

salad

chips

kentang goreng

fried potatoes

kentang goreng

pizza

pizza

hamburger

hamburger

sandwich

roti isi

cutlet

daging irisan

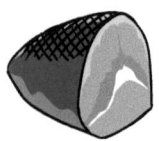

ham

daging ham

salami

salami

sausage

sosis

chicken

pitik

roast

daging panggang

fish

iwak

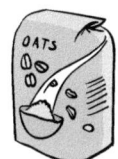

porridge oats

bubur gandum

muesli

muesli

cornflakes

sereal jagung

flour

glepung

croissant

croissant

bread roll

roti

bread

roti

toast

roti panggang

biscuits

biskuit

butter

mertega

curd

dadih

cake

kue

egg

endog

fried egg

endog goreng

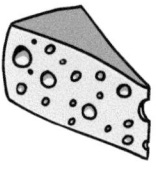

cheese

keju

ice cream

es krim

sugar

gula

honey

madu

jam

sele

chocolate spread

krim nugat

curry

kare

goat	cow	calf
wedhus	sapi	pedhet

pig	piglet	bull
babi	gambluk	kebo

goose

banyak

duck

bebek

chick

kuthuk

hen

babon

cock

jago

rat

tikus

cat

kucing

mouse

tikus

ox

sapi

dog

asu

doghouse

kandang asu

garden hose

selang

watering can

gembor

scythe

arit gede

plough

waluku

sickle

arit gede

hoe

pacul

pitchfork

garu

axe

kapak

wheelbarrow

grobak surung

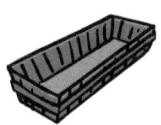

trough

wadah pakan

milk can

kaleng susu

sack

karung

fence

pager

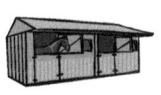

stable

kandang

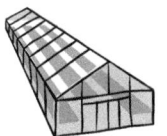

greenhouse

omah kaca

soil

lemah

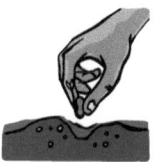

seed

wiji

fertilizer

rabuk

combine harvester

traktor panen

harvest

manen

harvest

panen

yams

ubi

wheat

gandum

soy

kedelai

potato

kentang

corn

jagung

rapeseed

lobak

fruit tree

wit woh-wohan

cassava

telo

cereals

sereal

house

omah

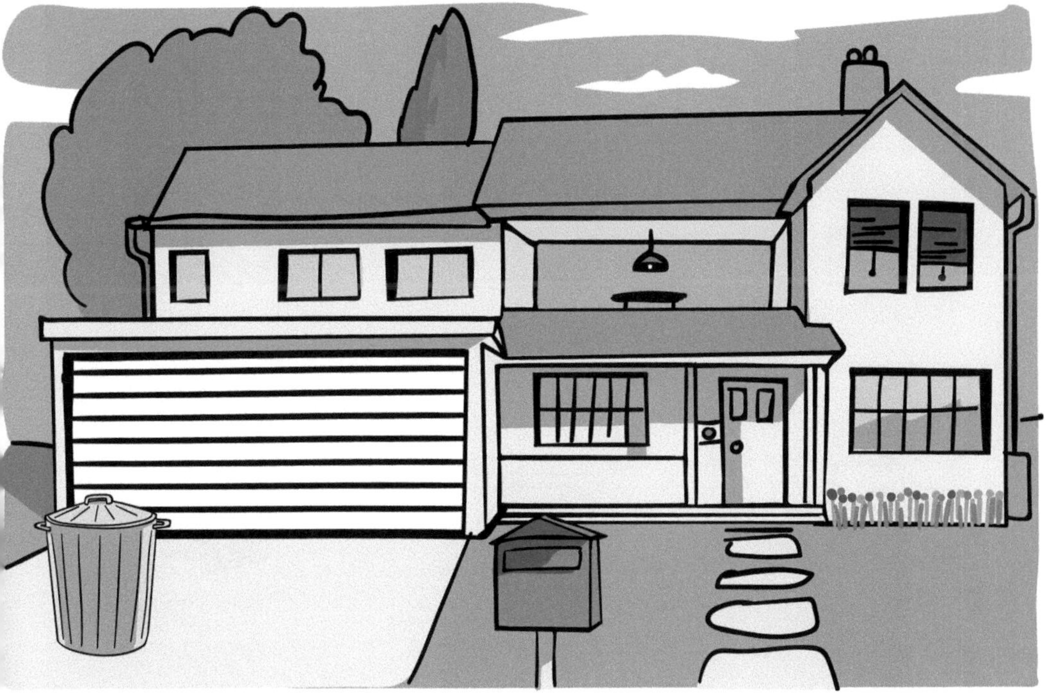

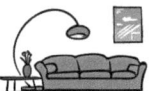

living room

ruang tamu

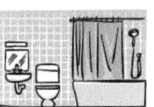

bathroom

jedhing

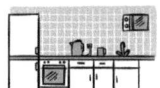

kitchen

pawon

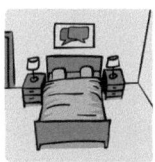

bedroom

kamar turu

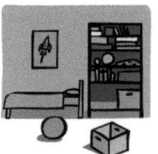

child's room

kamar anak

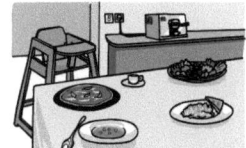

dining room

kamar panedhaan

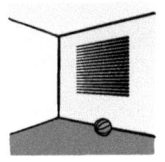

floor

jobin

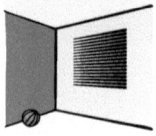

wall

tembok

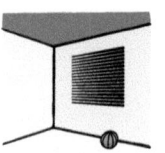

ceiling

pyan

cellar

gudhang ing njero lemah

sauna

sauna

balcony

balkon

terrace

teras

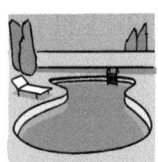

pool

blumbang kanggo nglangi

lawn mower

mesin kanggo motong suket

sheet

lembaran

bedspread

sprei

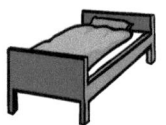

bed

dipan

broom

sapu

bucket

ember

switch

tombol

living room
ruang tamu

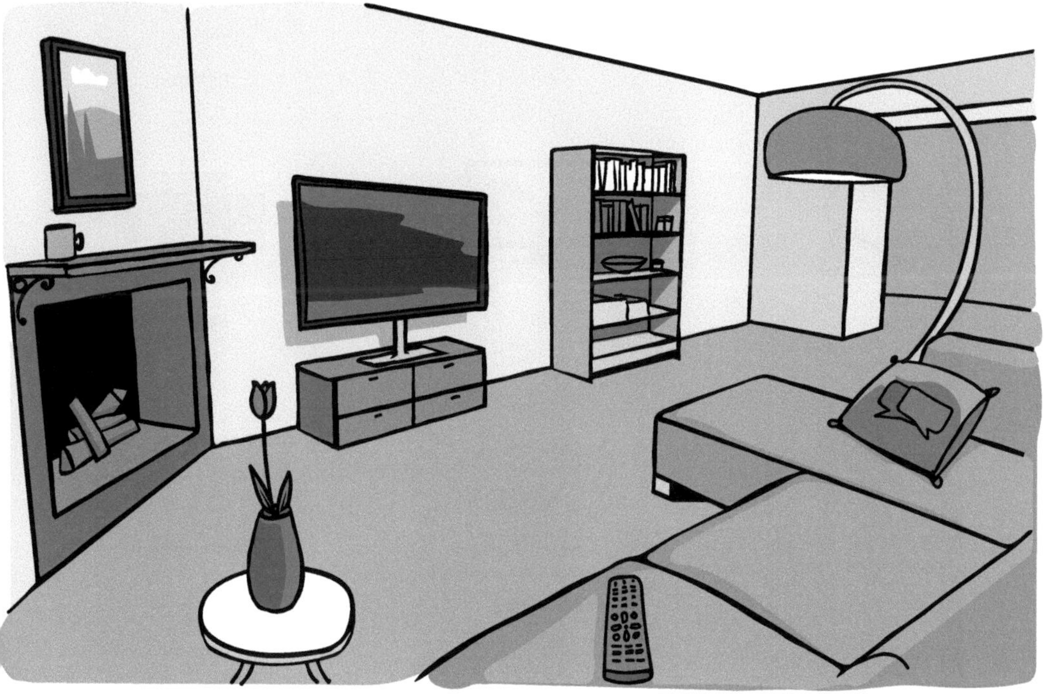

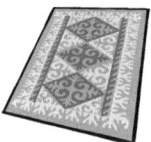

carpet

karpet

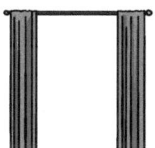

curtain

korden

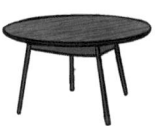

table

meja

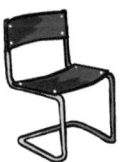

chair

kursi

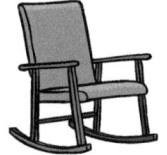

rocking chair

kursi goyang

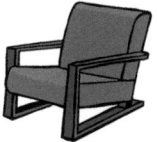

armchair

kursi tangan

book

buku

blanket

selimut

decoration

dekorasi

firewood

kayu bakar

film

film

hi-fi equipment

hi-fi

key

kunci

newspaper

koran

painting

lukisan

poster

poster

radio

radio

notepad

buku catetan

hoover

penyedot lebut

cactus

kaktus

candle

lilin

kitchen
pawon

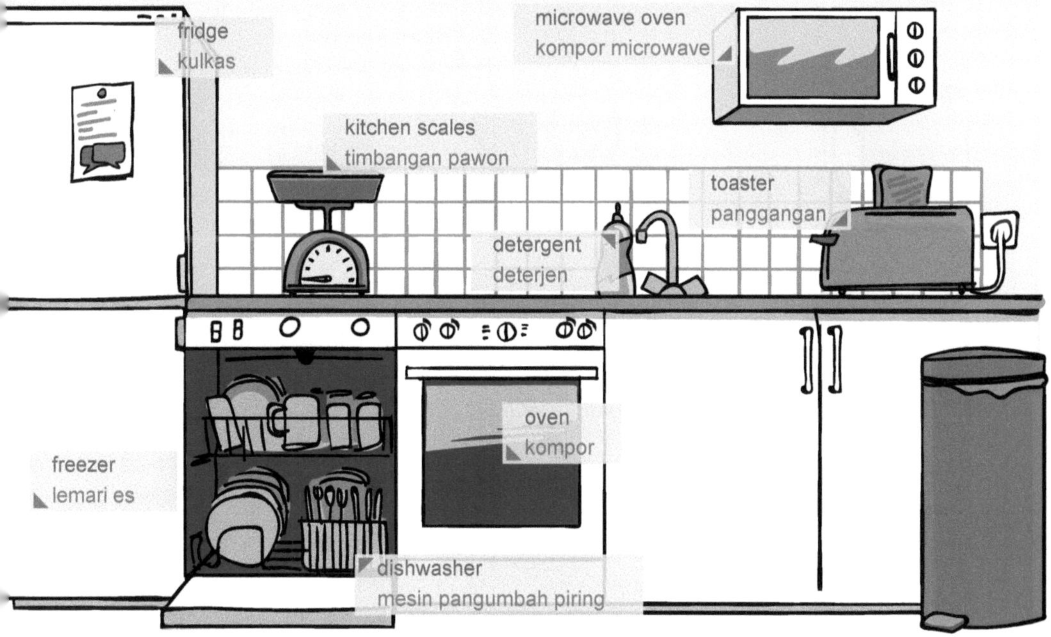

fridge
kulkas
microwave oven
kompor microwave
kitchen scales
timbangan pawon
toaster
panggangan
detergent
deterjen
oven
kompor
freezer
lemari es
dishwasher
mesin pangumbah piring

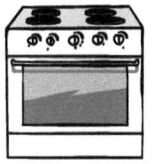

cooker
kompor

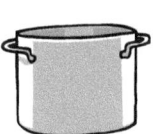

pot
panci

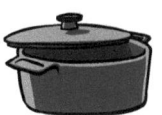

cast-iron pot
panci wesi

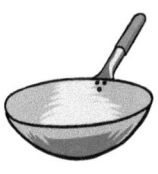

wok / kadai
wajan

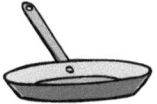

pan
wajan

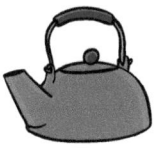

kettle
ceret

steamer

kukusan

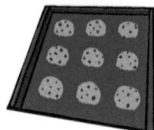

baking tray

loyang

crockery

pecah belah

mug

mug

bowl

mangkok

chopsticks

sumpit

ladle

irus

spatula

solet

whisk

udeg

strainer

ayakan

sieve

saringan

grater

parutan

mortar

lumpang

barbecue

panggangan

open fire

geni

chopping board

telenan

rolling pin

gilingan adonan

corkscrew

kotrek

can

kaleng

can opener

bukaan kaleng

pot holder

cempal

sink

wastafel

brush

sikat

sponge

sepon

blender

blender

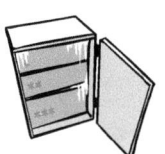

deep freezer

kulkas

baby bottle

gendul bayi

tap

kran

bathroom

jedhing

heating
alat manasi
shower
pancuran
towel
andhuk
shower curtain
klambu jedhing
bubble bath
adhus unthuk
bathtub
bak adhus
glass
gelas
washing machine
mesin ngumbah
tap
kran
tiles
tekel
potty
pispot
sink
wastafel

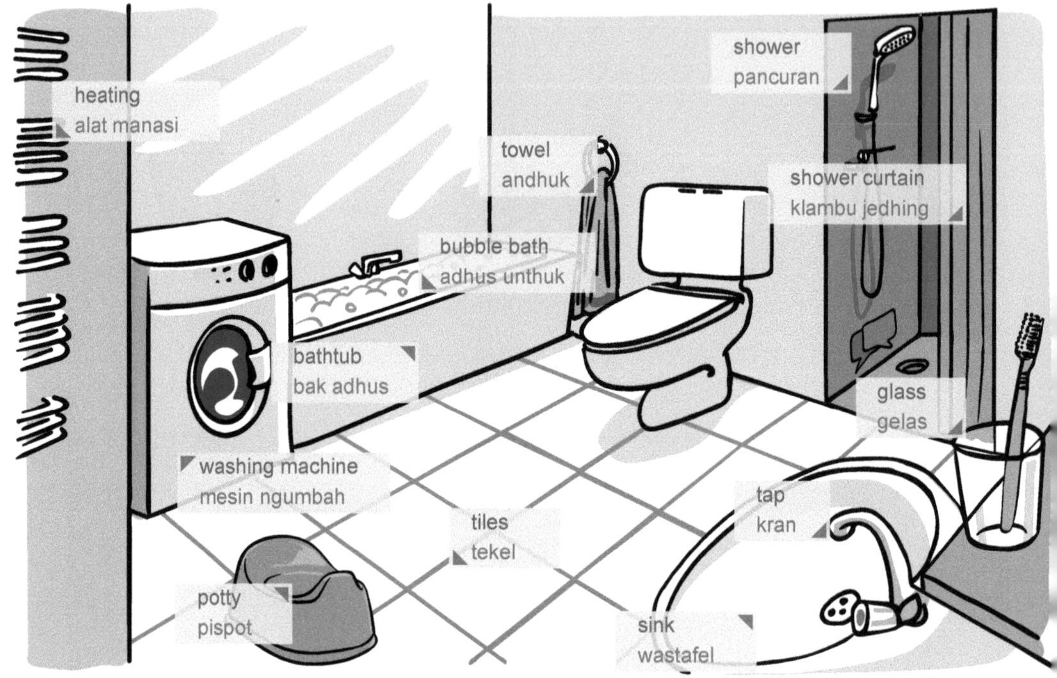

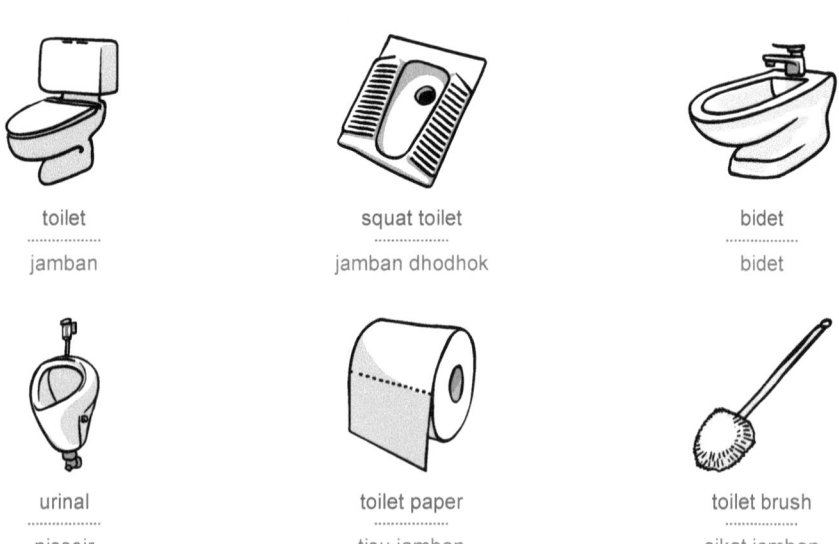

toilet
jamban

squat toilet
jamban dhodhok

bidet
bidet

urinal
pissoir

toilet paper
tisu jamban

toilet brush
sikat jamban

toothbrush
sikat untu

toothpaste
odol

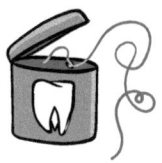

dental floss
bolah untu

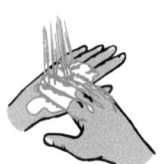

wash
ngumbahi

handheld shower
gagang shower

douche
pancuran

basin
baskom

back brush
sikat geger

soap
sabun

shower gel
gel pancuran

shampoo
sampo

flannel
hem

drain
nguras

cream
krim

deodorant
deodoran

mirror

pangilon

hand mirror

koco tangan

razor

silet

shaving foam

umpluk cukur

aftershave

aftershave

comb

jungkat

brush

sikat untu

hair dryer

hairdryer

hairspray

hairspray

makeup

dandanan

lipstick

gincu

nail varnish

kuteks

cotton wool

kapas

nail scissors

gunting kuku

perfume

parfum

washbag

kantong adhus

stool

dingklik

weighing scale

timbangan

bathrobe

jubah kanggo sawise adhus

rubber gloves

sarung karet

tampon

tampon

sanitary towel

pembalut

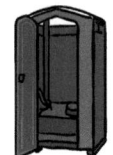

chemical toilet

jamban nganggo bahan kimia

child's room

kamar anak

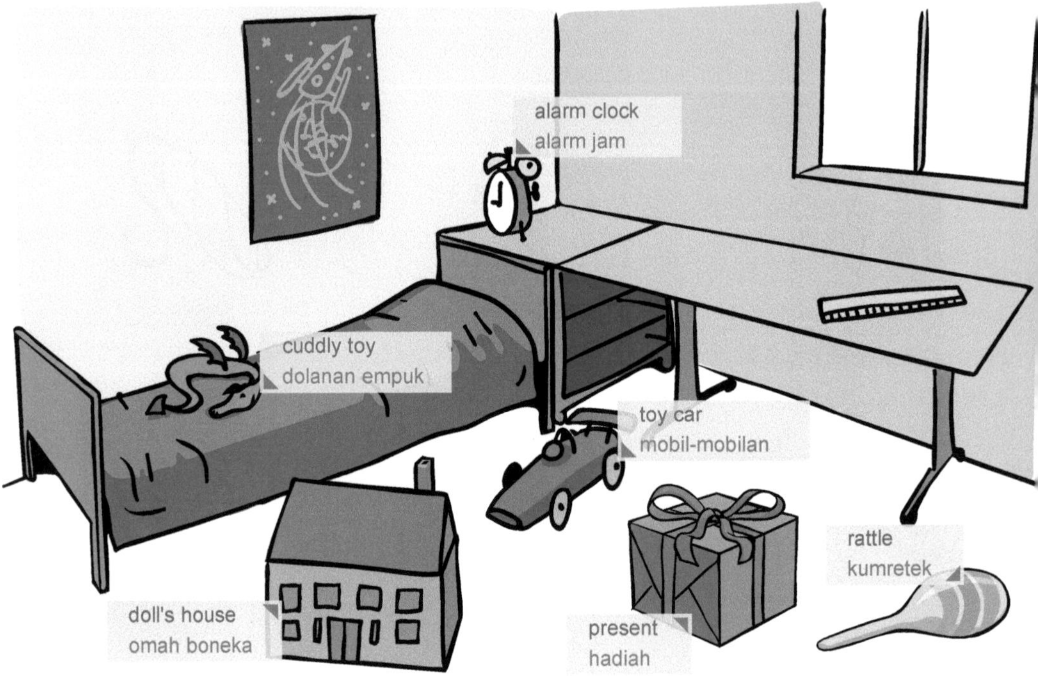
alarm clock
alarm jam
cuddly toy
dolanan empuk
toy car
mobil-mobilan
rattle
kumretek
doll's house
omah boneka
present
hadiah

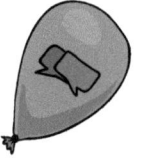

balloon

balon

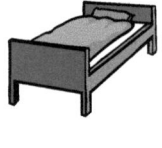

bed

dipan

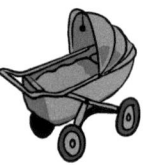

pram

kreto bayi

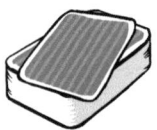

deck of cards

meja kertu

jigsaw

teka-teki

SUPER MEGA

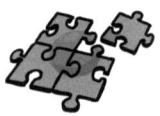

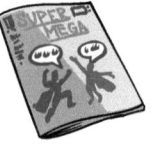

comic

komik

lego bricks

bata lego

building blocks

balok dolanan

action figure

boneka aksi

babygrow

klambi bayi

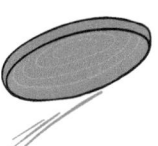

frisbee

frisbee

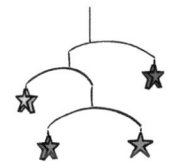

mobile

dolanan gantungan

board game

dolanan meja

dice

dadu

model train set

sepur dolanan

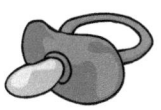

dummy

dot

party

pesta

picture book

buku gambar

ball

bal

doll

boneka

play

dolanan

sandpit

panggon dolanan pasir

swing

ayunan

toys

dolanan

video game console

konsol video game

tricycle

sepeda roda telu

teddy bear

beruang teddy

wardrobe

lemari sandhangan

clothing

klambi

socks

kaos kaki

stockings

stoking

tights

kathok singset

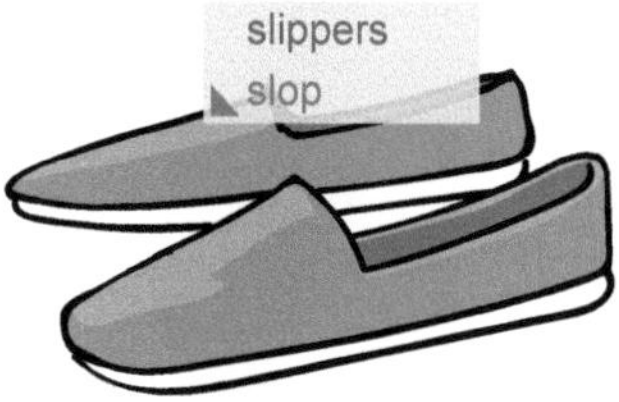

scarf
slendang

umbrella
payung

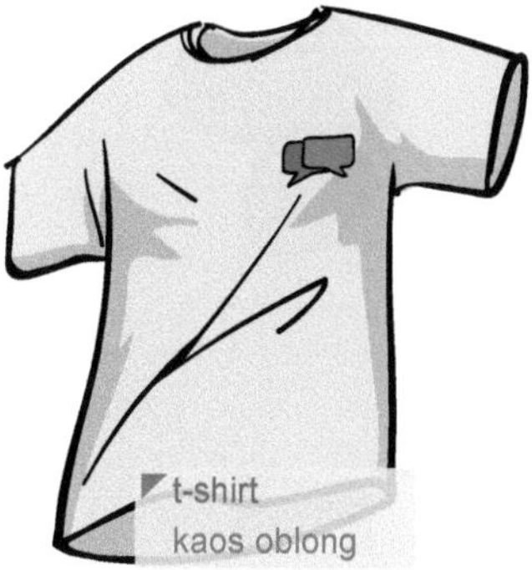

t-shirt
kaos oblong

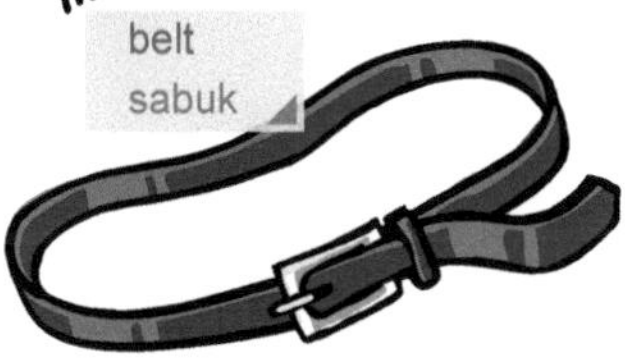

belt
sabuk

boots
sepatu bot

slippers
slop

trainers
sepatu kets

sandals
sandal

shoes
sepatu

rubber boots
sepatu bot karet

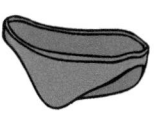

underpants
sempak

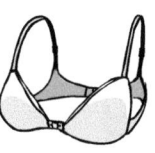

bra
kutang

vest
rompi

body

awak

trousers

kathok

jeans

kathok jins

skirt

rok

blouse

blus

shirt

klambi

pullover

jaket nganggo kudung

hoodie

sweter

blazer

blezer

jacket

jaket

coat

mantel

raincoat

jas udan

costume

kostum

dress

gaun

wedding dress

gaun manten

suit
setelan

nightgown
klambi kanggo turu

pyjamas
piyama

sari
kain sari

headscarf
kudung

turban
serban

burqa
cadar

kaftan
kaftan

abaya
abaya

swimsuit
klambi kanggo nglangi

trunks
kathok renang

shorts
kathok cekak

tracksuit
klambi trening

apron
celemek

gloves
sarung tangan

button
benik

glasses
kacamata

bracelet
gelang

necklace
kalung

ring
ali-ali

earring
anting-anting

cap
peci

coat hanger
gantungan mantel

hat
topi

tie
dasi

zip
slerekan

helmet
helem

braces
bretel

school uniform
sragam sekolah

uniform
sragam

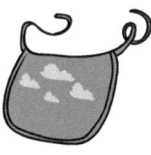

bib

oto

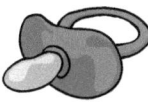

dummy

dot

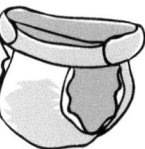

nappy

popok

office

kantor

server
server
filing cabinet
lemari arsip
printer
printer
paper
dluwang
monitor
monitor
mouse
mouse
desk
meja
folder
folder
keyboard
papan tombol
waste-paper basket
kranjang larahan
computer
komputer
chair
kursi

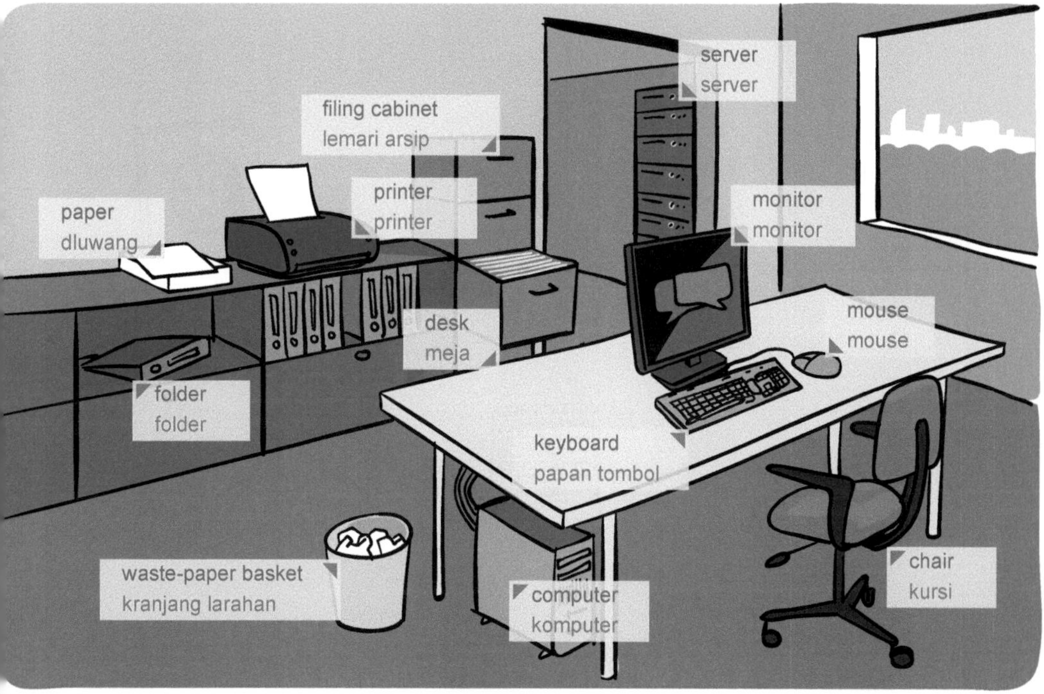

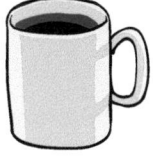

coffee mug

cangkir kopi

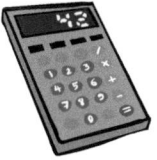

calculator

kalkulator

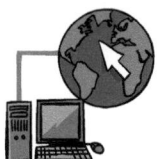

internet

internet

laptop

laptop

letter

surat

message

pesen

mobile

HP

network

jaringan

photocopier

mesin fotokopi

software

software

telephone

telpon

plug socket

colokan

fax machine

mesin faksimili

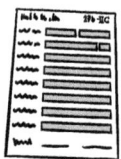

form

blangko

document

dokumen

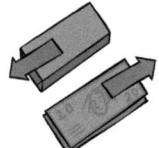

buy

tuku

pay

mbayar

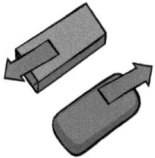

trade

bebakulan

money

duit

dollar

dolar

euro

euro

yen

yen

rouble

rubel

Swiss franc

franc Swiss

renminbi yuan

yuan renminbi

rupee

rupe

cashpoint

cash point

bureau de change

kantor pertukaran duit mancanegara

gold

emas

silver

perak

oil

minyak

energy

energi

price

rego

contract

kontrak

tax

pajek

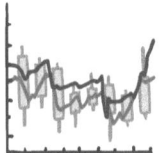

stock

saham

work

kerjo

employee

pegawe

employer

juragan

factory

pabrik

shop

toko

occupations
gawean

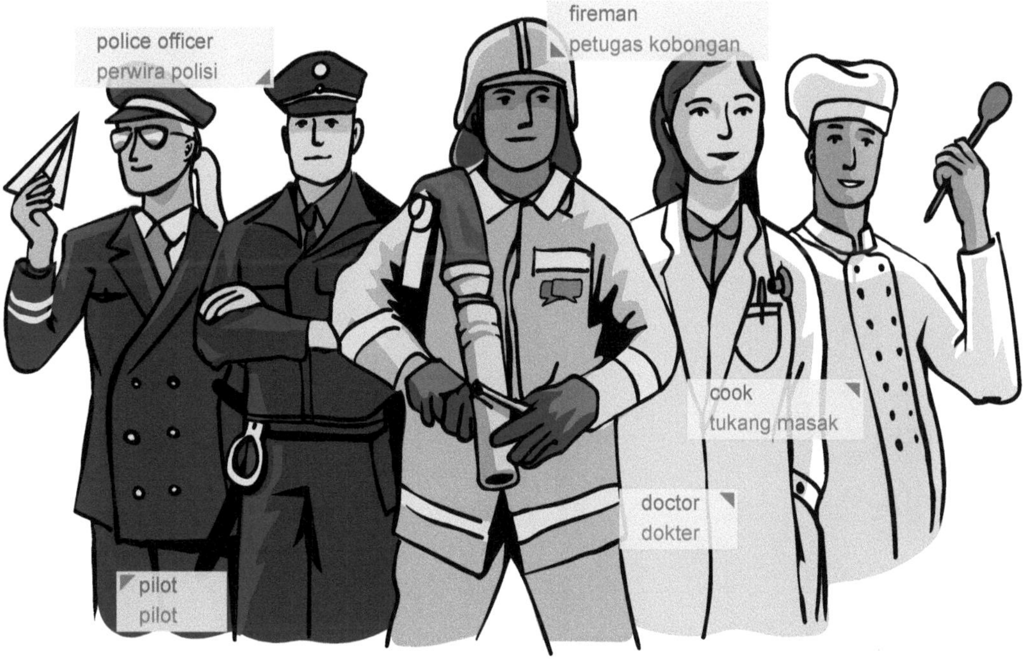

police officer
perwira polisi
fireman
petugas kobongan
cook
tukang masak
doctor
dokter
pilot
pilot

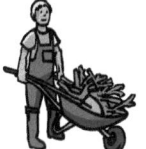

gardener

tukang kebon

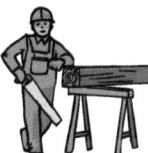

carpenter

tukang kayu

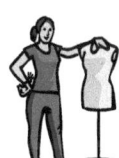

seamstress

tukang jahit

judge

hakim

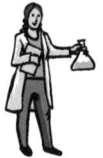

chemist

ahli kimia

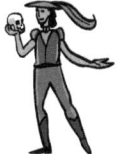

actor

aktor

bus driver

sopir bis

taxi driver

sopir taksi

fisherman

nelayan

cleaning lady

tukang reresik

roofer

tukang pasang gendheng

waiter

laden

hunter

pamburu

painter

pelukis

baker

tukang roti

electrician

tukang listrik

builder

tukang mbangun

engineer

insinyur

butcher

jagal

plumber

tukang ledeng

postman

tukang pos

soldier

tentara

architect

arsitek

cashier

kasir

florist

bakul kembang

hairdresser

juru rambut

conductor

kondektur

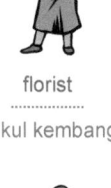

mechanic

mekanik

captain

kapten

dentist

dokter untu

scientist

ilmuwan

rabbi

rabbi

imam

imam

monk

biksu

clergyman

pandhita

tools

alat

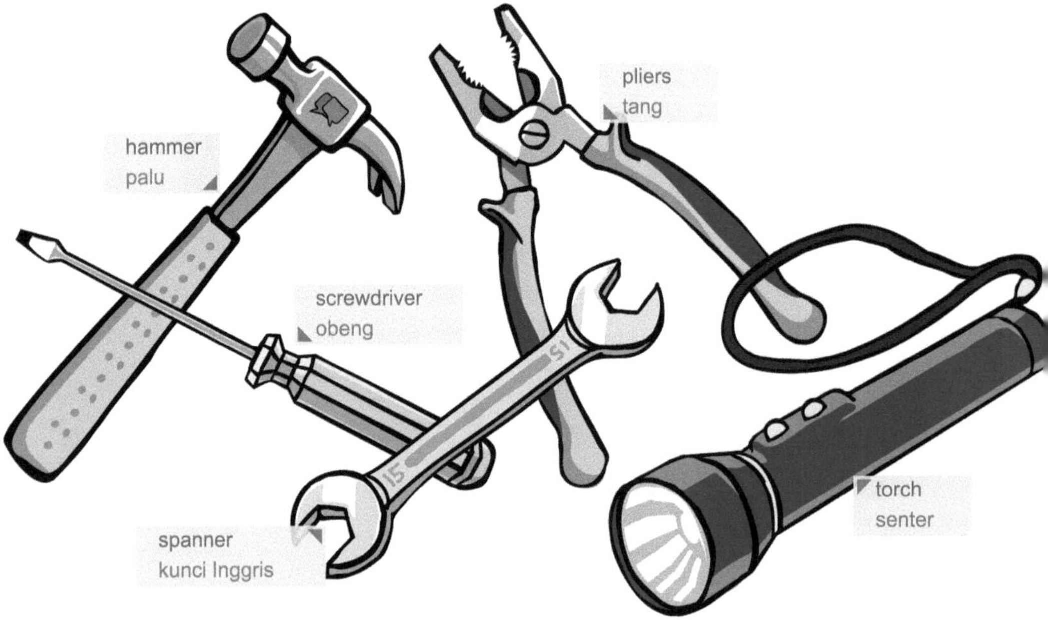
hammer
palu
pliers
tang
screwdriver
obeng
spanner
kunci Inggris
torch
senter

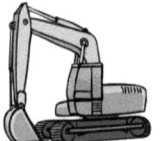

digger

mesin kerukan

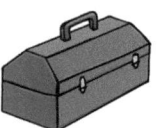

toolbox

wadah perkakas

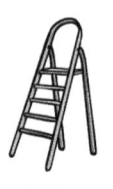

ladder

andha

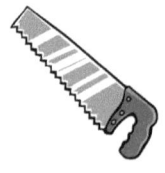

saw

graji

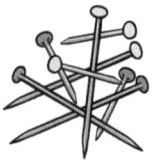

nails

paku

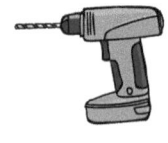

drill

bur

repair

ndandani

shovel

sekop

Damn!

Bajigur!

dustpan

serok

paint pot

kaleng cat

screws

sekrup

musical instruments
alat musik

loudspeaker
speker

drum kit
sak set tambur

guitar
gitar

double bass
bass dobel

trumpet
trompet

piano
piano

violin
biola

bass
bass

timpani
timpani

drums
tambur

keyboard
keyboard

saxophone
saksofon

flute
suling

microphone
mikropon

ZOO

kebon kewan

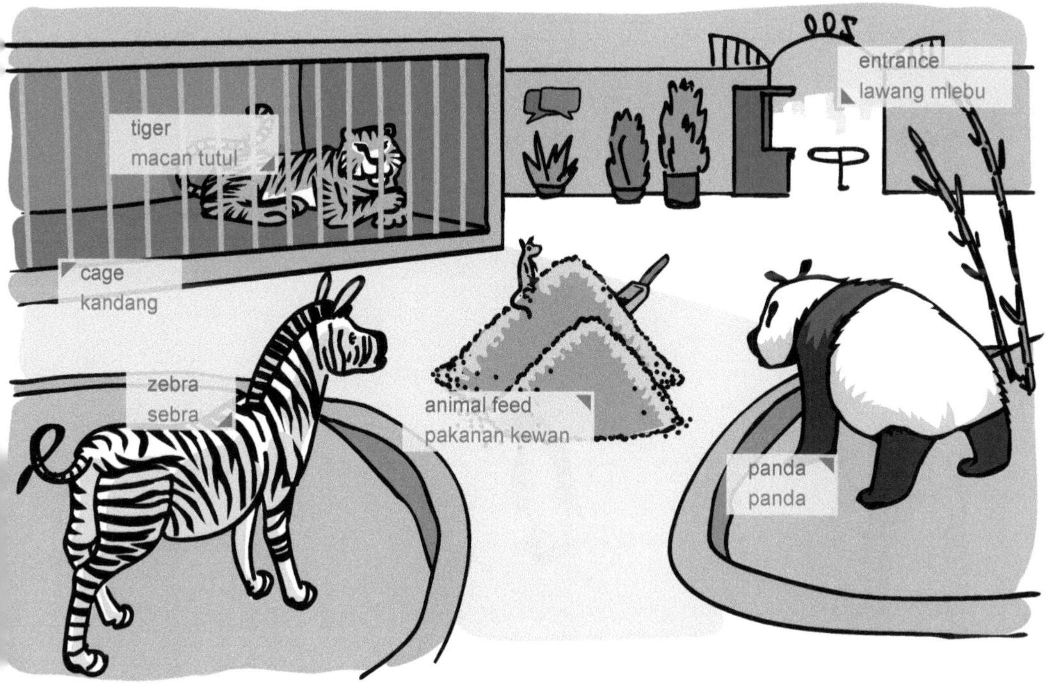
zoo
entrance
lawang mlebu
tiger
macan tutul
cage
kandang
zebra
sebra
animal feed
pakanan kewan
panda
panda

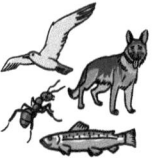

animals
kewan

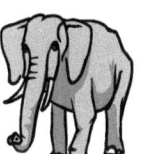

elephant
gajah

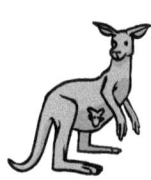

kangaroo
kanguru

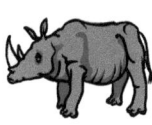

rhino
badak

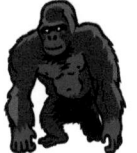

gorilla
gorila

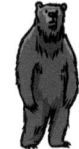

bear
beruang

camel

unta

ostrich

manuk unta

lion

singa

monkey

kethek

flamingo

flamingo

parrot

bethet

polar bear

beruang kutub

penguin

pinguin

shark

hiu

peacock

merak

snake

ula

crocodile

baya

zookeeper

juru kunci kebon kewan

seal

singa segara

jaguar

jaguar

pony

jaran poni

leopard

macan tutul

hippo

kuda nil

giraffe

jrapah

eagle

garudha

boar

celeng

fish

iwak

turtle

bulus

walrus

walrus

fox

rubah

gazelle

kidang

zoo - kebon kewan

American football
bal-balan Amerika

cycling
sepedahan

tennis
tenis

basketball
basket

swimming
nglangi

boxing
tinju

ice hockey
hoki es

football
bal-balan

badminton
badminton

athletics
atletik

handball
bal tangan

skiing
ski

polo
polo

activities
kegiatan

jump
mencolot
hug
ngrangkul
laugh
ngguyu
walk
mlaku
sing
nembang
dream
ngimpi
pray
ndonga
kiss
ngambung

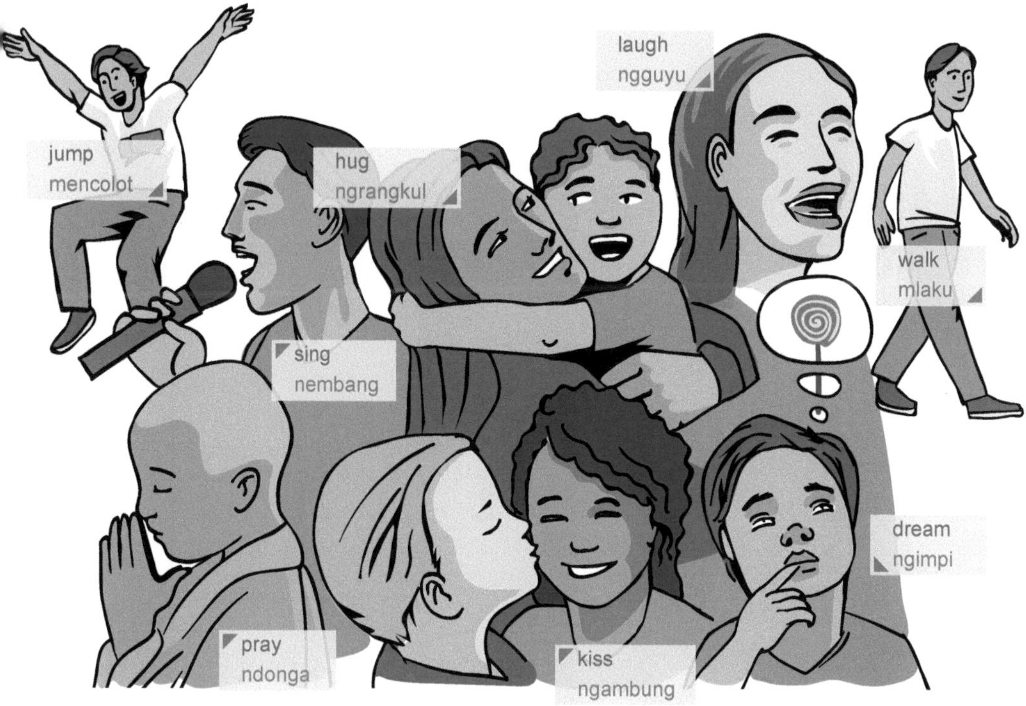

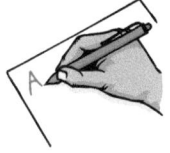

write
nulis

draw
nggambar

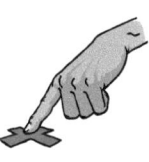

show
nuduhake

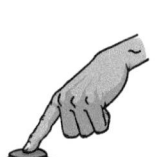

push
mencet

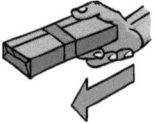

give
menehi

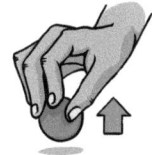

take
njupuk

have
duweni

do
nindakake

be
yaiku

stand
ngadek

run
mlayu

pull
narik

throw
nguncalake

fall
tiba

lie
ngapusi

wait
ngenteni

carry
nggawa

sit
lungguh

get dressed
klamben

sleep
turu

wake up
tangi

look at

ndheleng

cry

nangis

stroke

ngelus

comb

njungkati

talk

ngomong

understand

mangerteni

ask

takon

listen

ngrungoake

drink

ngombe

eat

mangan

tidy up

ngrapiake

love

nrisnani

cook

masak

drive

nyopir

fly

mabur

sail

nglayar

calculate

itung

read

maca

learn

sinau

work

kerjo

marry

ngrabi

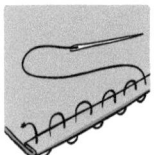

sew

njahit

brush teeth

nyikat untu

kill

mateni

smoke

ngrokok

send

ngirim

grandmother
mbah putri

grandfather
mbah kakung

father
bapak

mother
ibu

baby
bayi

daughter
anak wedok

son
anak lanang

guest

tamu

aunt

bu lik

uncle

pak lik

brother

dulur lanang

sister

dulur wadon

body

awak

forehead
bathuk
eye
mripat
face
pasuryan
chin
janggut
breast
payudara
finger
driji
hand
tangan
arm
lengen
shoulder
pundhak
leg
sikil

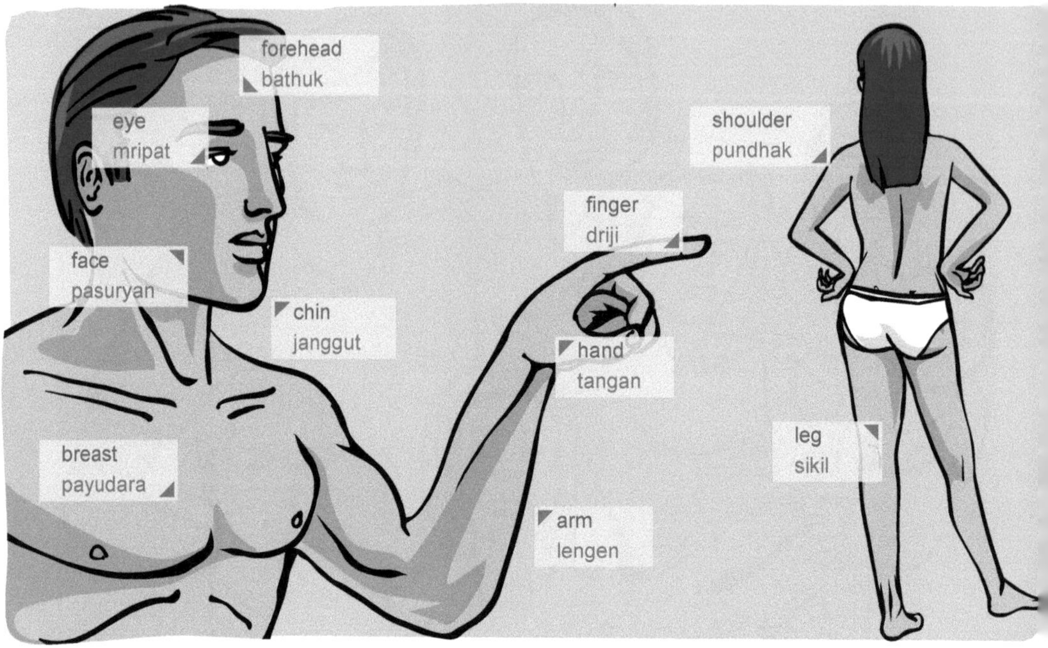

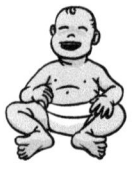

baby
bayi

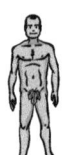

man
lanang

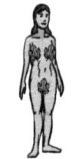

woman
wadon

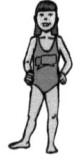

girl
bocah wadon

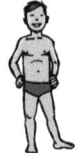

boy
bocah lanang

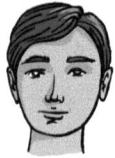

head
sirah

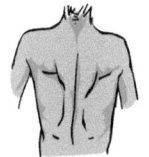

back

geger

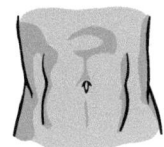

belly

weteng

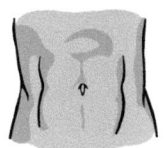

belly button

puser

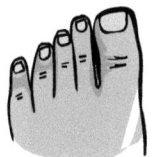

toe

driji sikil

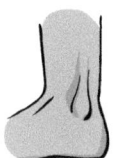

heel

tungkak

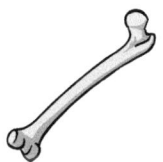

bone

balung

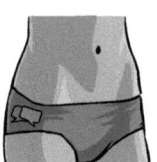

hip

panggul

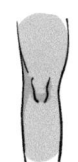

knee

dengkul

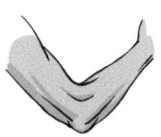

elbow

sikut

nose

irung

bottom

bokong

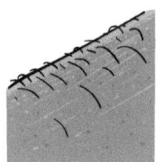

skin

kulit

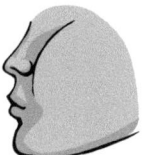

cheek

pipi

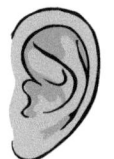

ear

kuping

lip

lambe

body - awak

mouth

lisan

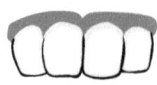

tooth

untu

tongue

ilat

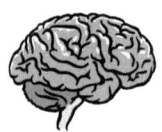

brain

uteg

heart

jantung

muscle

otot

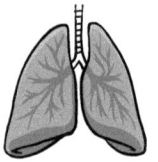

lung

paru

liver

ati

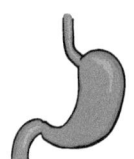

stomach

garba

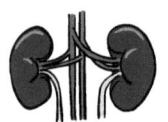

kidneys

ginjel

sex

sanggama

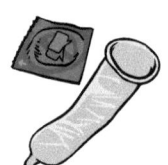

condom

kondom

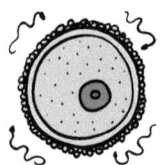

ovum

ovum

semen

mani

pregnancy

mbobot

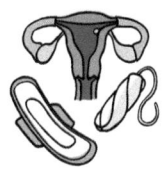

menstruation
haid

vagina
vagina

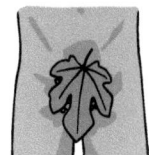

penis
zakar

eyebrow
alis

hair
rambut

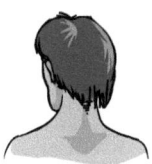

neck
gulu

hospital
griya sakit

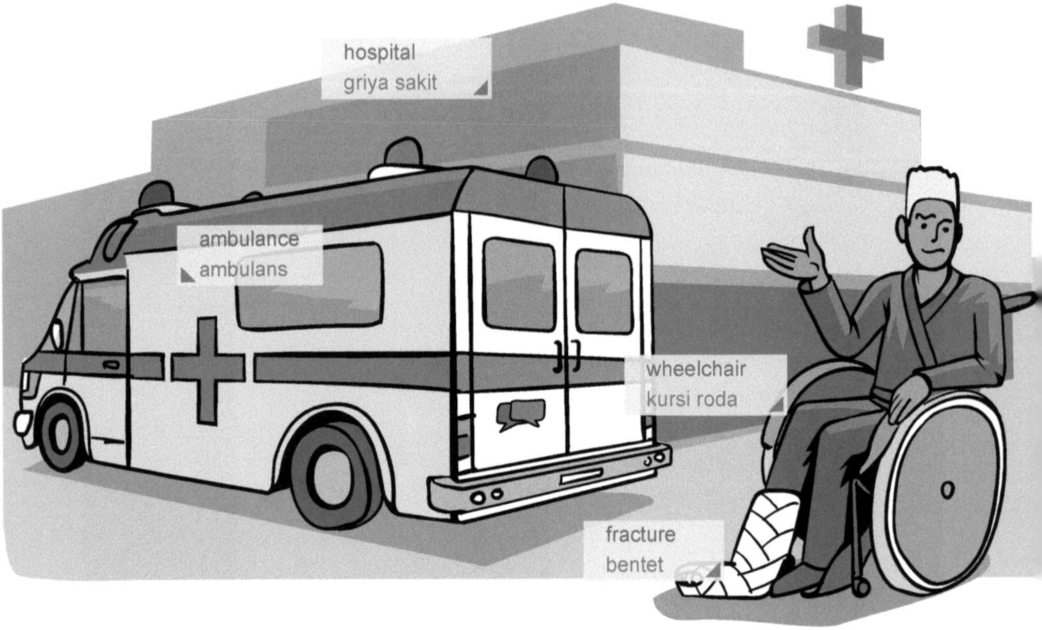

hospital
griya sakit
ambulance
ambulans
wheelchair
kursi roda
fracture
bentet

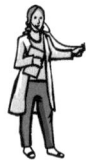

doctor

dokter

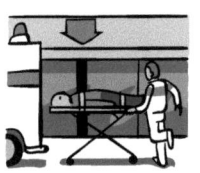

emergency room

kamar gawat darurat

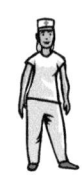

nurse

perawat

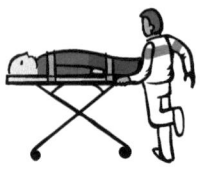

emergency

dharurat

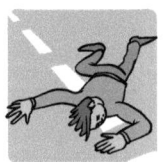

unconscious

ora sadar

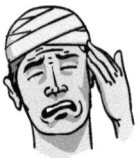

pain

linu

injury

tatu

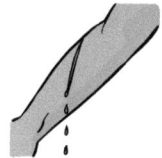

bleeding

getihen

heart attack

serangan jantung

stroke

setruk

allergy

alergi

cough

watuk

fever

ngelu

flu

pilek

diarrhoea

diare

headache

mumet

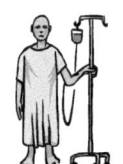

cancer

kanker

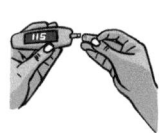

diabetes

diabetes

surgeon

ahli bedah

scalpel

lading bedah

operation

operasi

CT

CT

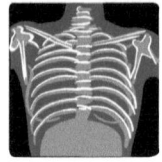

x-ray

sinar x

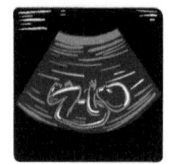

ultrasound

USG

face mask

masker

disease

penyakit

waiting room

kamar nunggu

crutch

pitulung

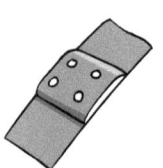

plaster

perban

bandage

perban

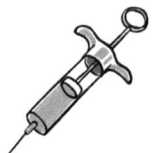

injection

suntik

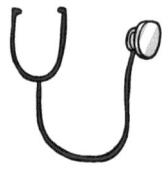

stethoscope

stetoskop

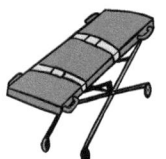

stretcher

tandu

clinical thermometer

termometer klinik

birth

lair

overweight

kalemon

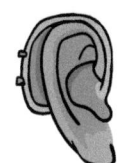

hearing aid

alat bantu dengar

disinfectant

disinfektan

infection

infeksi

virus

virus

HIV / AIDS

HIV/AIDS

medicine

obat

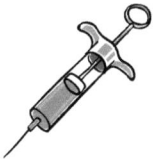

vaccination

vaksinasi

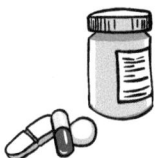

tablets

tablet

pill

pil

emergency call

nomer telpon darurat

blood pressure monitor

ngukur tensi getih

ill / healthy

lara / waras

Help!

Tulung!

alarm

alarem

assault

sergap

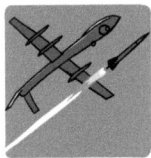

attack

serangan

danger

bebaya

emergency exit

lawang metu dharurat

Fire!

Kobongan!

fire extinguisher

alat mateni geni

accident

kacilakan

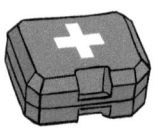

first-aid kit

pitulungan wiwitan

SOS

SOS

police

polisi

Europe

Eropa

North America

Amerika Lor

South America

Amerika Kidul

Africa

Afrika

Asia

Asia

Australia

Australia

Atlantic

Atlantik

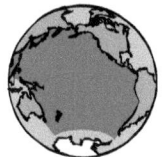

Pacific

Pasifik

Indian Ocean

Samudra Hindia

Antarctic Ocean

Samudra Antartika

Arctic Ocean

Samudra Arktik

North Pole

Kutub Lor

South Pole

Kutup Kidul

Antarctica

Antarktika

Earth

bumi

land

daratan

sea

segara

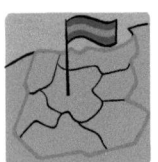

island

pulau

nation

bangsa

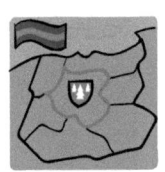

state

negara

clock face

layar jam

hour hand

dom jam

minute hand

dom menit

second hand

dom detik

What time is it?

Jam piro saiki?

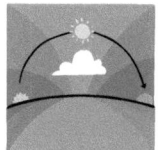

day

dina

time

wektu

now

saiki

digital watch

jam digital

minute

menit

hour

jam

week

minggu

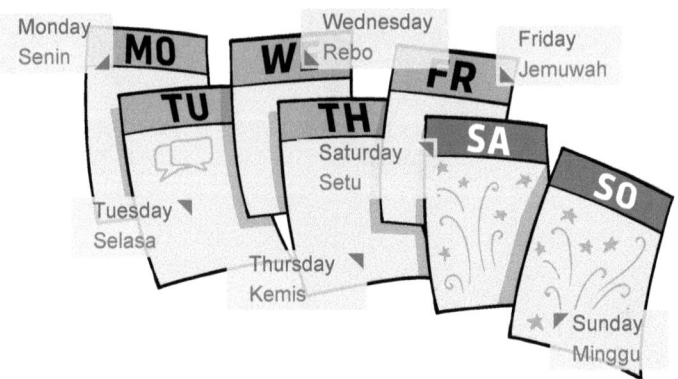

Monday
Senin

Wednesday
Rebo

Friday
Jemuwah

Tuesday
Selasa

Saturday
Setu

Thursday
Kemis

Sunday
Minggu

yesterday

wingi

today

saiki

tomorrow

sesuk

morning

esuk

noon

awan

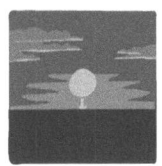

evening

bengi

MO	TU	WE	TH	FR	SA	SU
1	2	3	4	5	6	7
8	9	10	11	12	13	14
15	16	17	18	19	20	21
22	23	24	25	26	27	28
29	30	31	1	2	3	4

business days

dina kerja

MO	TU	WE	TH	FR	SA	SU
1	2	3	4	5	6	7
8	9	10	11	12	13	14
15	16	17	18	19	20	21
22	23	24	25	26	27	28
29	30	31	1	2	3	4

weekend

akhir minggu

year
tahun

rain
udan es
spring
musim semi
summer
musim ketigo
wind
angin
autumn
mangsa gugur
snow
salju
winter
mangsa adem

4.APRIL 11°
5.APRIL 4°
6.APRIL 13°
7.APRIL 8°
8.APRIL 10°

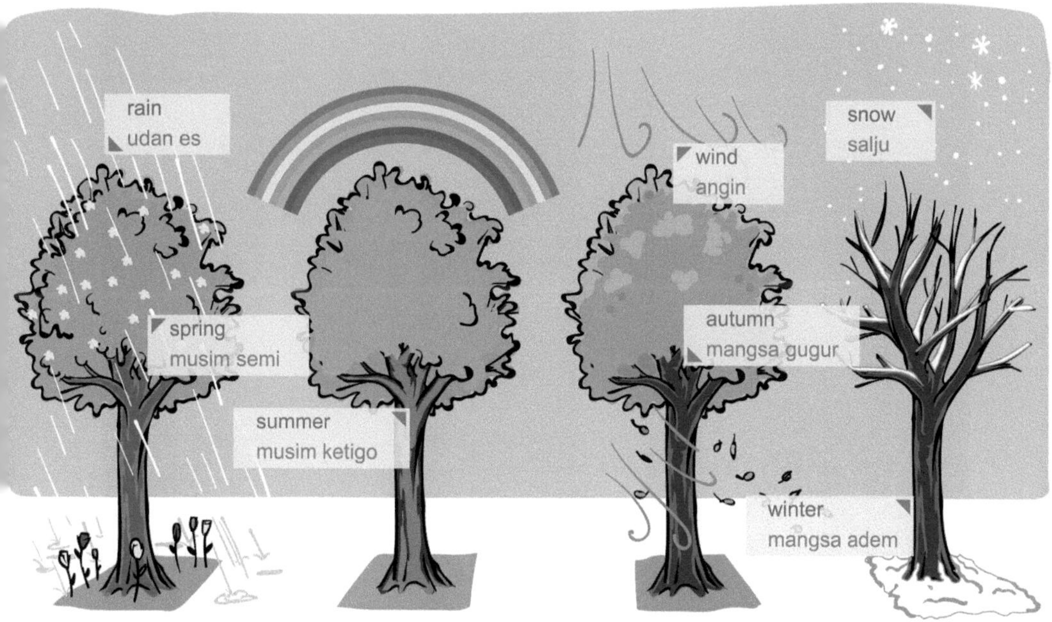

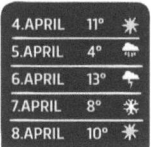

weather forecast
ramalan cuaca

F C
120 90 60 30 0 -30
40 30 20 10 0 -10 -20

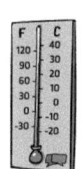

thermometer
termometer

sunshine
srengenge

cloud
mendhung

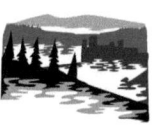

fog
kabut

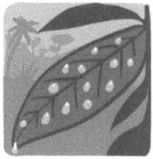

humidity
kelembapan

lightning

kilat

thunder

bledheg

storm

badai

hail

udan es

monsoon

muson

flood

banjir

ice

es

January

Januari

February

Februari

March

Maret

April

April

May

Mei

June

Juni

July

Juli

August

Agustus

year - tahun

September
....
September

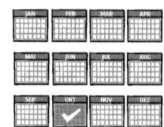

October
....
Oktober

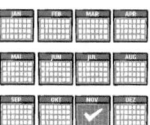

November
....
Nopember

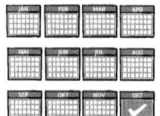

December
....
Desember

circle
....
bunder

square
....
kuadrat

rectangle
....
segi papat

triangle
....
segi telu

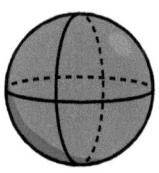

sphere
....
bal

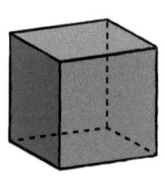

cube
....
kubus

colours

warna

white
....
putih

yellow
....
kuning

orange
....
oranye

pink
....
jambon

red
....
abang

purple
....
ungu

blue
....
biru

green
....
ijo

brown
....
coklat

grey
....
abu-abu

black
....
ireng

a lot / a little

akeh / sithik

angry / calm

nesu / kalem

beautiful / ugly

ayu / elek

beginning / end

pawitan / pungkasan

big / small

gede / cilik

bright / dark

padhang / peteng

brother / sister

sedulur lanang / sedulur wadon

clean / dirty

resik / reged

complete / incomplete

pepak / ora pepak

day / night

awan / bengi

dead / alive

mati / urip

wide / narrow

jembar / sempit

edible / inedible

iso dipangan / ora iso dipangan

evil / kind

ala / becik

excited / bored

seneng / bosen

fat / thin

lemu / kuru

first / last

pisanan / pungkasan

friend / enemy

kanca / musuh

full / empty

kebak / kosong

hard / soft

atos / empuk

heavy / light

abot / enteng

hunger / thirst

luwe / wareg

ill / healthy

lara / waras

illegal / legal

illegal / legal

intelligent / stupid

pinter / bodo

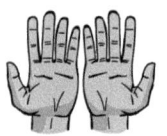

left / right

kiwa / tengen

near / far

cedhak / adoh

new / used

anyar / lawas

nothing / something

ora ana / ana

old / young

tuwa / enom

on / off

urip / mati

open / closed

buka / tutup

quiet / loud

anteng / rame

rich / poor

sugeh / mlarat

right / wrong

bener / salah

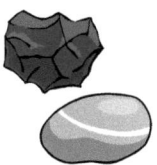

rough / smooth

kasar / alus

sad / happy

susah / seneng

short / long

cendhak / dawa

slow / fast

alon / banter

wet / dry

teles / garing

warm / cool

anget / adem

war / peace

perang / tentrem

0

zero

nol

1

one

siji

2

two

loro

3

three

telu

4

four

papat

5

five

limo

6

six

enem

7

seven

pitu

8

eight

wolu

9

nine

songo

10

ten

sepuluh

11

eleven

sewelas

12

twelve

rolas

13

thirteen

telulas

14

fourteen

patbelas

15

fifteen

limolas

16

sixteen

nembelas

17

seventeen

pitulas

18

eighteen

wolulas

19

nineteen

songolas

20

twenty

rong puluh

100

hundred

satus

1.000

thousand

sewu

1.000.000

million

sak yuto

English

basa Inggris

American English

basa Inggris Amerika

Chinese Mandarin

basa Cina Mandarin

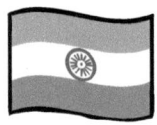

Hindi

basa Hindi

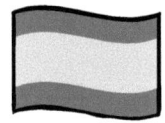

Spanish

basa Spanyol

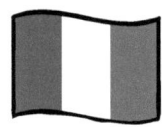

French

basa Prancis

Arabic

basa Arab

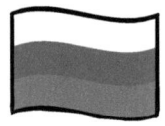

Russian

basa Rusia

Portuguese

basa Portugis

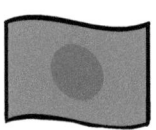

Bengali

basa Bengali

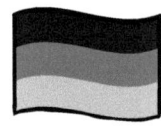

German

basa Jerman

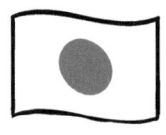

Japanese

basa Jepang

I

aku

you

kowe

he / she / it

dheweke

we

kita

you

kowe kabeh

they

dheweke kabeh

who?

sapa?

what?

apa?

how?

piye?

where?

neng endi?

when?

kapan?

name

jeneng

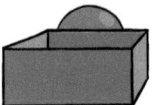

behind

mburi

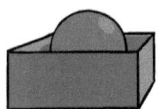

in

ing jero

in front of

ing ngarep

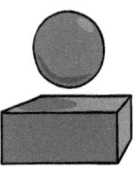

over

ing dhuwure

on

ing

under

ing ngisore

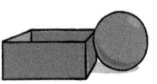

beside

sisih

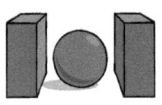

between

antarane

place

panggonan